AF240185

UNE ÉDITION

DE LA

LOI GOMBETTE

Reproduction complète et intégrale
de tous les Manuscrits connus.

PAR

J.-E. VALENTIN-SMITH

Conseiller honoraire à la Cour de Paris,
Officier de la Légion-d'Honneur
et de l'Instruction publique.

LYON

IMPRIMERIE DU SALUT PUBLIC

33, Rue de la République, 33.

1890

M. VALENTIN-SMITH

Extrait du *Salut Public* du 3o mars 189o.

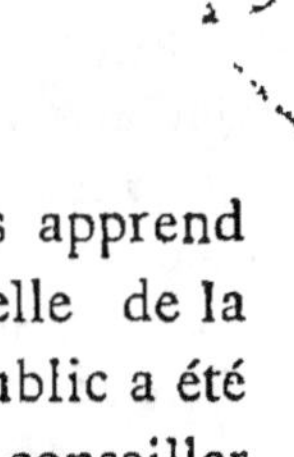

Le *Journal de Montbrison* nous apprend qu'au cours de la séance trimestrielle de la Diana du 13 mars, un hommage public a été rendu à M. Valentin-Smith, conseiller honoraire à la cour de Paris.

M. Valentin, qui est âgé de 94 ans, est, sans doute, le doyen des archéologues français. Avocat à Saint-Etienne de 182o à 183o, il a rempli près de ce tribunal, jusqu'en 1837, les fonctions de procureur du roi. Il fut ensuite successivement conseiller à la cour de Riom, 1837 à 185o, puis à Lyon, 185o à 1874, enfin à Paris.

Il publia, entre autres ouvrages : *Bibliotheca Dumbensis. — Origine des peuples de la Gaule transalpine. — Des Insubres des bords de la Saône. — Fouilles dans la vallée de Formans. — Souvenirs d'un ancien magistrat,* etc., etc.

Dans la séance du 13 mars, M. Vincent Durand a fait la motion suivante :

Avant que la séance ne soit levée, je vous propose, Messieurs, de voter des félicitations à notre illustre doyen, M. le conseiller Valentin-Smith, qui, parvenu à l'âge de 94 ans, poursuit avec une verdeur toute juvénile la publication de tous les manuscrits connus de la loi Gombette. Neuf fascicules ont déjà paru de cette édition critique, appelée à prendre place à côté de celle, si estimée, de la loi salique que l'on doit à Pardessus ; de savants éclaircissements l'accompagnent et la préoccupation de reproduire les textes avec une fidélité absolue y est poussée si loin, qu'un des manuscrits les plus précieux de la loi Gombette, celui de la bibliothèque du Chapitre d'Ivrée, du IXe siècle, est tout entier donné en *fac-simile.*

Il n'est pas besoin d'indiquer l'immense intérêt d'un tel livre pour l'histoire en général et pour celle de nos origines provinciales en particulier. Il suffirait à la réputation d'un auteur qui aurait moins de titres que M. Valentin-Smith à la reconnaissance du monde savant.

La proposition de M. Vincent Durand, appuyée par le bureau et par un grand nombre de membres, a été votée par acclamation à l'unanimité.

En conséquence, M. le Président est prié de transmettre à M. Valentin-Smith les respectueuses félicitations de la Société.

Pour extrait conforme :

Le Président de la Diana,

Comte de Poncins.

UNE ÉDITION

DE LA

LOI GOMBETTE

Reproduisant le texte intégral de tous les
Manuscrits connus

PAR

J.-E. VALENTIN-SMITH

Conseiller honoraire à la Cour de Paris
Officier de la Légion-d'Honneur
et de l'Instruction publique.

————————

Il se publie à Lyon, depuis quelques mois, un ouvrage d'une haute valeur scientifique que nous ne voulons pas laisser s'achever sans le signaler à nos lecteurs. C'est la reproduction, dans leur forme intégrale et avec toutes leurs variantes et leurs incorrections, des manuscrits de la loi Gombette.

Mais d'abord qu'est-ce que la loi Gombette? Cette question doit se présenter à la plupart de nos lecteurs, car il s'agit ici de connaissances spéciales très peu familières même à bon nombre de gens instruits.

La loi Gombette, qui tient son nom de son principal auteur, le roi burgonde Gondebaud, est un code édicté à Lyon, à la fin du Ve siècle, et par lequel ont été gouvernés les Burgondes, qui ont dominé, à une certaine époque, dans nos régions.

Les Burgondes, peuple germanique venu des bords de la Vistule, cantonnés successivement sur les bords du Mein, puis en deçà du Rhin, plus tard encore en Savoie, furent appelés, en 456, à titre de garnison et de défenseurs, par les habitants de la province lyonnaise, qui, pour se les attacher définitivement, leur accordèrent la moitié de leurs propriétés et le tiers de leurs esclaves. Ce régime de cantonnements à poste fixe qui, depuis longtemps déjà, avait été mis en pratique par les empereurs à l'égard des tribus barbares, se changea bientôt pour les Burgondes en une domination effective par suite de l'affaiblissement de la puissance romaine à son déclin et après la chute de l'empire d'Occident.

Gondebaud, le premier des rois burgondes qui ait exercé le pouvoir souverain dans sa plénitude, et qui se trouva ainsi à la tête de deux peuples de races différentes , ger-

manique et gallo-romaine, voulut affermir
son autorité en inaugurant une législation
qui établît une heureuse harmonie entre ces
deux peuples et assurât aux premiers habitants une sécurité absolue pour leurs biens
et leurs personnes. De là naquit une législation germanique empreinte d'un esprit romain nettement accusé et contenant plusieurs dispositions complètement romaines.
C'est la loi Gombette. Mais comme des lois
germaniques, aussi rapprochées qu'elles
pussent être du code romain, ne pouvaient
convenir aux Lyonnais, Gondebaud fit ré-
diger pour ses autres sujets un second code,
exclusivement romain, sauf quelques dispositions secondaires, et qui est connu sous le
nom de *Lex romana Burgundionum*.

Une grande idée avait présidé à la con-
fection de ces deux codes et s'y manifeste
d'une manière évidente : placer les deux
peuples sur un pied d'égalité et ménager
entre eux une fusion politique qui devait
préparer et hâter la fusion des races. Cette
législation a donc une haute importance au
point de vue historique et juridique, importance que le savant éditeur a résumée en
quelques lignes.

« Les deux codes burgondes, dit-il dans l'avertissement, la loi Gombette et la *Lex romana Burgundionum* , présentent un intérêt tout particulier : l'une est la première loi barbare qui ait été publiée, l'autre a devancé le code Justinien dans plusieurs de ses dispositions les plus libérales et les plus bienfaisantes; toutes les deux enfin, inaugurant la fusion de la civilisation romaine avec l'esprit germanique, fécondée par le sentiment chrétien, ont préparé, ou pour mieux dire, donné naissance à la société moderne et à la nationalité française, qui en est la plus complète expression. »

Les lois burgondes sont donc d'une haute importance, non pas seulement pour nos annales lyonnaises, mais aussi pour l'histoire générale de la France. Il faut savoir que les Burgondes ont occupé près d'un tiers de notre patrie, tout le bassin du Rhône et de la Saône jusqu'à la Durance ; leur influence y survécut à la domination des Francs et y créa un centre d'activité politique et sociale qui s'est affirmé à diverses reprises d'une manière éclatante, et a persisté à travers les siècles ; enfin, leur code a laissé, jusqu'à nos jours, des traces dans notre législation provinciale.

Malgré cela, les lois et l'histoire de ce peuple sont demeurées à peu près inconnues en France. Tandis que les Allemands Derichsweiler, Binding, Jahn et tout dernièrement encore H[i] Brunner les étudiaient d'une manière approfondie, tandis que M. Hubé, sénateur de Pologne et membre du Conseil de l'Empire de Russie, écrivait la *Formation de la loi Bourguignonne* (1867), jetait un jour tout nouveau sur la législation burgonde, nos savants les négligeaient et laissaient subsister une profonde lacune qui, dans les ouvrages de nos historiens les plus estimés, mutile et dénature nos annales. Lorsqu'en 1869 M. Ludovic Drapeyron soutint sa brillante thèse : *De Burgundiœ historiâ,* ce ne fut pas sans provoquer une véritable surprise parmi les doctes professeurs de Paris devant lesquels il la développait.

C'est cet injuste et regrettable oubli qui avait depuis longtemps frappé M. le conseiller Valentin-Smith. Ses études sur l'histoire du pays de Dombes l'ayant amené à s'occuper des Burgondes, il fut frappé immédiatement du rôle important joué par ce peuple ; sa science de jurisconsulte lui révéla, du premier coup d'œil, l'intérêt capital que présente la loi Gombette, puis, constatant la pénurie d'ouvrages français sur cette matière, il en aborda résolûment l'étude. Dès 1860, il écrivait ses *Notions sur l'origine et le nom des Burgondes*, premier chapitre d'une histoire générale ; les années suivantes, il puisait dans l'étude de leur législation des aperçus curieux et tout nouveaux sur leur influence politique et sociale.

Deux mémoires lus à la Sorbonne : l'*Établissement de la Monarchie tempérée à la fin du Ve siècle* et la *Famille chez les Burgondes*, renferment l'exposé de ces découvertes. Mais déjà auparavant il avait projeté la publication de la loi et avait, avant le célèbre Bluhme, effectué une révision attentive des variantes contenues dans les manuscrits conservés à la Bibliothèque nationale ; il offrit même à M. Monfalcon de les insérer dans les preuves de son *Histoire monumentale de Lyon*, alors en préparation. Notre ancien bibliothécaire ne crut pas devoir accepter. Les plans de M. Valentin-Smith s'agrandirent ; ce n'était plus la simple publication des variantes, mais une reproduction intégrale et complète des manuscrits qui entrait dans ses vues.

La loi Gombette ne nous est pas parvenue dans un texte absolument certain et correct. Les manuscrits qui nous en restent, de quatre ou cinq siècles postérieurs à la rédaction du code, fourmillent de divergences et d'incorrections ; c'est à travers ce chaos que la critique doit se frayer un passage; aussi les jurisconsultes et les historiens, depuis les premières éditions de la loi Gombette, publiées par Hérold en 1557, et par du Tillet en 1573, en attendant celle que prépare M. Rodolphe de Salis, le savant professeur à l'université de Bâle, en sont-ils à désirer encore un texte certain du célèbre code. C'est pour permettre la réalisation de ce désir que M. Valentin-Smith entreprit de faire imprimer avec une exactitude absolue le texte intégral de tous les manuscrits connus. La tâche était énorme et ardue.

De ces manuscrits, au nombre de douze, huit sont conservés à la Bibliothèque nationale, à Paris, les quatre autres sont dispersés, deux en Allemagne, à Wolfenbuttel et à Saint-Paul-en-Carinthie, et deux en Italie, au Vatican et à Ivrée. Il s'agissait, première difficulté, d'en obtenir des copies exactes. Et d'abord, il ne fut pas toujours facile d'en avoir communication; tel manuscrit nécessita plusieurs années de démarches et, par exemple, pour l'un des exemplaires d'Allemagne, qui ne fut obtenu qu'au moyen d'une intervention diplomatique.

Se procurer des copistes habiles et consciencieux n'était guère moins épineux. Quelques-unes des transcriptions qui furent faites sont remarquables de précision; celles de Wolfenbuttel, par le docteur Ferdinand Beckurts, et de Saint-Paul par M. Jaksch, écrites ligne par ligne, conservent tous les signes d'abréviation, les ratures, les surcharges, les rubriques, et sont accompagnées de notes qui signalent les moindres particularités d'écriture ou d'état matériel de l'original. La copie de l'exemplaire des archives du chapitre d'Ivrée est un merveilleux fac-similé, exécuté par un jeune ecclésiastique, professeur au petit séminaire d'Ivrée, dom André Merlo, mort peu après à l'âge de vingt-six ans.

En possession des copies, M. Valentin-Smith les soumit à une révision attentive, et tous les points douteux motivèrent de sa part des questions approfondies. Ainsi, la copie d'après l'original du Vatican a été, sur un questionnaire minutieux, révisée d'abord par M. Galti, bibliothécaire, puis par Mgr Ciccolini, préfet de la bibliothèque du Vatican.

Le même soin a été apporté à l'examen des exemplaires de la Bibliothèque nationale et, chose singulière, cette opération n'a pas été là des moins épineuses; telle copie a dû être remaniée jusqu'à deux fois, et il a fallu toute la conscience et le talent de M. Léon Pajot, archiviste paléographe, chargé de la collation de ces huit copies, pour établir une transcription certaine et définitive.

L'impression n'a pas demandé moins d'attention et n'a pas suscité de moindres difficultés. Si l'on songe que certains scribes du Xe siècle ont défiguré parfois les mots de la façon la plus bizarre et qu'il fallait respecter; que tels manuscrits sont mutilés par des lacérations qui ont emporté des lignes entières, criblé les pages de lacunes qui ont dû être maintenues; que d'autres, au contraire, sont encombrés de surcharges en marges ou en interlignes; que, dans certaines transcriptions, les abrévations ont été maintenues, qu'il est devenu nécessaire de faire graver

tout exprès des lettres et des signes man-
quant en typographie, on comprendra tout le
soin, toute l'application qu'a nécessitée l'impression de ces copies, sans parler des frais
qu'elle entraînait, sans parler non plus de
la publication du fac-similé de l'exemplaire
d'Ivrée, que M. Valentin Smith a fait exécu-
ter en photolithographie et que M. Paul
Roustan, de Roanne, a reproduit avec une
rare habileté.

En outre de ce travail ardu et minutieux,
le savant éditeur a ajouté des notes, des re-
marques et des dissertations d'archéologie,
d'histoire, de jurisprudence, etc., relatives
aux questions les plus difficiles soulevées
par certains passages de la loi Gombette.
Enfin, la préface contiendra une étude déve-
loppée sur l'histoire et la législation des Burgondes. En attendant, la traduction des écrits
de Gaupp et de Bluhme sur ce même sujet,
qui compose le premier fascicule de la présente éditton, suffit pour initier le lecteur à
ces connaissances spéciales dont peu de personnes sont disposées à aborder l'étude
approfondie.

C'est donc un véritable monument à la
science de l'histoire et de la jurisprudence

que M. le conseiller Valentin-Smith élève
en ce moment, et qui restera comme une
source précieuse pour les savants et les éru-
dits ; mais, ce qui est plus merveilleux encore que l'œuvre, tout étonnante qu'elle soit,
c'est que celui qui l'édifie avec tant de soin
et de talent est aujourd'hui arrivé à sa
94e année. Quand on peut apprécier tout ce
qu'il faut de mémoire pour retenir les in-
nombrables détails que comporte un sem-
blable sujet, d'attention soutenue pour les
coordonner, de sagacité incessamment en
éveil pour dégager la vérité du sein des obs-
curités et du conflit des opinions contraires,
on s'étonne de retrouver ces aptitudes con-
servées dans toute leur plénitude à un âge
aussi avancé. Ceux-là seuls ne s'en étonnent
pas qui, admis dans l'intimité de M. Valentin-Smith, constatent chaque jour la vigueur
de son intelligence, la sûreté de sa mémoire,
la vivacité de son esprit toujours actif et
toujours juvénile. La publication de la loi
Gombette n'est pas, du reste, la seule preuve
de cette merveilleuse activité intellectuelle ;
en même temps qu'il travaillait à ce grand
ouvrage, il trouvait le temps, il y a dix-huit
mois au plus, de mettre au jour une série de